AF536871

David Lindner

Sternengesang

Traumzeit-Verlag, Battweiler in der Pfalz
eMail: info@traumzeit-verlag.de

ISBN 3-933825-12-1

Die Deutsche Bibliothek - CIP-Einheitsaufnahme
Ein Titeldatensatz für diese Publikation ist bei
der Deutschen Bibliothek erhältlich

Nach den Regeln der Rechtschreibung, nicht der Reform.
Ich verwende die Geschlechter hier und dort frei. Weil es Gongspielerinnen und Hörerinnen gibt.

Aufnahme, Schnitt & Mastering
Dieter Denzer, Music Base Studio, Gütersloh

Fotos
S. 20/21, 28, 46: Thomas B.Willie
Eye-Design-Photostudio, Mannheim

Alle übrigen Fotos: David Lindner

Zitate
Die Weisheitssprüche, Texte und Geschichten auf den Seiten 10, 20/21, 39, 42 und 50 stammen aus unbekannten Quellen in dem asiatischen, indischen und hebräischen Kulturraum. Sie wurden zum Teil von mir umgeschrieben, wie von Dutzenden Autoren in Jahrhunderten zuvor.

Textkorrektur
Ute Schneider

Dank an jene, die nachdenken!

Hinter "Sternengesang" steht kein Konzern, kein Erbe, keine staatliche Förderung. Dieses Buch wurde von einem Autoren produziert, hergestellt und finanziert. Die Auflagenhöhe ist sehr gering, was die Produktionskosten für das einzelne Exemplar teurer macht. Trotzdem ist es aufwendiger gestaltet und in günstigerem Preis-Leistungsverhältnis für Dich angeboten, als alle bis heute erschienenen vergleichbaren Produkte zum Thema Gong.

Meinst Du nicht auch, es macht sehr wohl einen Unterschied, welche CDs man brennt und welche man kauft? Projekte dieser Art kann ich nur durch die Anerkennung der vielen Menschen realisieren, die der Meinung sind, daß außergewöhnliche Projekte besser weiterempfohlen als kopiert werden.

Euch danke ich von Herzen!

Inhalt CD

Inhalt Buch

Besuchen Sie uns im Internet: **www.traumzeit-verlag.de**

Hör Hin Weise

Die CD dieses Buches macht nur Sinn,
wenn Du bereit bist, Dir eine Stunde
Zeit zu nehmen und Dich dem Hören hinzugeben.

Wir haben weder Kosten noch Mühe gescheut,
diese CD anders klingen zu lassen, als die vielen bisherigen Produktionen.
Doch die Effekte, die wir auf CD gebannt haben,
inszenieren sich nicht in jedem Raum,
und nicht auf jeder Stereoanlage gleich.
Sternengesang
wollte nicht beliebig verwendbar sein.
Wenn Du hervorragend essen willst,
gehst Du doch auch nicht
in ein Fastfood-Restaurant, oder?

Planeten-Gongs sind voller Magie, Macht und
von einer nicht greifbaren Präsenz im Klang.
Es sind Poetenkrieger.

Sei achtsam. Sei bei Dir. Sei.
Höre diese CD nicht beim Autofahren
oder bei anderen Tätigkeiten,
die Deiner vollen Aufmerksamkeit bedürfen.

Die Gongklänge können Dich sowohl stark entspannen,
wie auch tief aufwühlen.
Solltest Du Dich in einer psychischen Krise befinden,
besprich die Verwendung dieser CD zuvor
mit einem Therapeuten oder arbeitet
gemeinsam mit den Klängen.

Stell bitte den Bassregler Deiner Stereoanlage
beim ersten Hören auf Minimum und
passe den Sound langsam den Möglichkeiten
Deiner Ohren und Deiner Boxen an.

In jedem neuen Raum,
mit jeder neuen Stellung Deiner Boxen,
mit jeder neuen Hörposition, variiert
der Höreindruck der CD.
Sei kreativ.

Was auch immer Du tust, es geschieht in Deiner Verantwortung
für Dich und Deine Person.

Selbstverständlich können Autor und Verlag keine Haftung
für mögliche Folgeschäden im Umgang
mit dieser Musik oder den Übungen übernehmen.

Vorwort

Gongs sind Poetenkrieger.
Sie sind mächtig und tragen in sich die Kraft, Zeit und Raum und Menschen zu bewegen und zu verändern.

Gleichsam enthalten sie eine zärtliche Tiefe und Vielfalt in einer strukturellen Einfachheit, die berauschend ist: Jedes Kind kann einen Gong erklingen lassen. Mit ein wenig Übung kann auch ein Laie ganz enorme Klangspektren aus einem Gong befreien.

Seit der Erstauflage dieses Werkes suche ich nach einem Ton. Ich suche einen Ton, diesen einen Ton, der in sich birgt den Quell des Lebens.

Ich suche einen Ton, der das Geheimnis der Heilung unserer Herzen beinhaltet.

Einen Ton, der keine Antwort mehr sein muß, denn er löst alle Fragen in sich auf.

Wenn Du beginnst, zu hören, dann beginnt sich in Deinem Leben etwas zu ändern. Ich habe in den letzten Jahren einige hundert Menschen kennenlernen dürfen, die unter dem Einfluß scheinbar simpler Klangkörper wie dem Gong, dem Didgeridoo oder Klangschalen etwas in ihrem Leben in Bewegung setzten, das ihm neue, erweiternde Dimensionen hinzufügte.

Es ist, als würde die Welt plötzlich wachsen.

Wer tief hinabsteigt in die hohen Hallen der Klänge, wie einst Alice in ihren Kaninchenbau, der landet im Wunderland.
Klänge überschreiten, es liegt in ihrer Natur, Grenzen. Und eben auch jene Grenzen, die erst die Kirche und schließlich die Schulwissenschaften uns mit Inquisition und Rohrstock abtrainieren wollten. Die Welt baut sich nicht nur aus Materie auf und unser Geist, unser Intellekt ist nicht die einzige Form von Bewußtsein, die existiert.

Klänge, richtig eingesetzt, leiten uns direkt hinüber in eine andere Welt. Anderswelt wird sie genannt. Oder auch: Nichtalltägliche Wirklichkeit. Manche nennen sie Geistwelt. Andere Traumwelt.

Traum- und Hirnforscher haben herausgefunden, daß in den Traumphasen unseres Schlafes die neuronalen (materiellen) Verknüpfungen in unserem Gehirn angelegt werden.

Das Wirksame an Klängen ist, man muß in musikalischem Wissen und Können in keiner Weise gebildet sein, um an ihrer Kraft teilzuhaben. Man muß nicht an die Kraft der Klänge glauben. Sounds, wie hier auf dieser CD, geleiten unser Bewußtsein ganz natürlich in einen Zustand, in dem es Wirklichkeit neu erlebt - wenn es mag.

Interessanterweise wird dieser Zustand von den meisten Menschen als zutiefst entspannend bezeichnet.

Entspannung ist der beste Ausgangspunkt für jede Reise. Besonders die Reise unseres Lebens.

Und so wünsche ich Dir: Entspannung ...

David Lindner

Eine neue Art der Gong-Erfahrung

Als ich im Jahr 2000 das Projekt "Sternengesang" begann, geschah das aus dem Bauch heraus. Mir fehlte bei den mir zugänglichen Gongtiteln in Literatur und Musik einfach etwas.
Mir fehlte die Stille, die Poesie der Gongs.
Die Stille in der mir
ihre wahre Kraft verborgen schien.
Und ihre Sinnlichkeit fehlte. Gongs sind wunderschöne Klangkörper. Man sieht ihnen schon an, daß in ihnen eine geheimnisvolle Macht schlummert, die geweckt werden will. Aber ich fand keine Fotografien, die diese Kraft widergaben.
Wo immer mir Gongs auf CDs und in Konzerten begegneten, wurden diese Klangkörper über ihr gesamtes Spektrum gespielt. Also immer auch extrem laut. Das empfand ich live immer als anstrengend, ja meist einfach als nervig. Auf CDs habe ich dagegen das Gefühl, daß laute Gongs zwar wohl dramatisch-beeindruckend klangen, den leisen Tönen auf der selben CD dann aber ein gewisses magisches Spektrum des Originalklanges fehlte. Viele Gong-CDs sind tolle Musik, aber sie wirken nicht wie Gongs, vor denen man steht.

Meine eigenen Erfahrungen in der energetischen Klangarbeit zeigten, daß bei meinen Klienten mit leisen Tönen weit mehr zu erreichen war, als mit gewaltigen Klangspektren.
Intuitiv setzte ich meine Gongs stets nur sehr sanft

und still an. Meine Klienten stellten und legten sich so dicht es eben ging vor die Gongs und ich ließ die kraftvollen Schwingungen in der Stille auferstehen.

Die Reaktion ist stets dieselbe: Tiefes Durchatmen und schließlich die Begegnung mit einer Form des Fühlens und Entspannens, die vielen Menschen bisher noch nie begegnet war. Die sanfte und doch so druckvolle Klangmassage führt den Menschen nicht an seine Krisen, sondern an seine Kraft.

Wir waren 2001 mit den Studioaufnahmen zu "Sternengesang" neue Wege gegangen, indem wir die Mikrophone extrem nahe an den Gongs positionierten - ganz so, als ständest Du direkt vor dem Gong. Und ich spielte die Gongs nur denkbar sanft und fühlend an. Es ging mir nicht darum, alles zu zeigen, was ich und der Gong können. Es geht mir vielmehr darum, Dich in den Gong eintauchen zu lassen wie in ein warmes Klangbad.

Das Resultat sind eine kraftvolle Druckwelle und - wenn man eine Weile lauscht - ein Effekt auf die eigene Wahrnehmung: Der stille und sich doch so kraftvoll und vielfältig entfaltende Sound führt Dich unweigerlich nach innen.
Anstatt Deinen energetischen Körper durch laute Klangexplosionen aufzulösen, wollten wir, daß Du Dich wohlig und warm in Dir fühlst und tief und tiefer in die Wahrnehmung aller Wirklichkeiten gleitest.

Um diesen Effekt zu erzeugen, mußten wir zwei Kompromisse eingehen: Es bedarf einer ausgezeichneten Audioanlage, um das volle Potential dieser CD zur Entfaltung zu bringen. Solltest Du selbst keine besitzen, lohnt es sich, die CD (in Ruhe!) bei Freunden auszuprobieren. Achte darauf, die Grenzen der Anlage vorsichtig auszutesten, es besteht die Gefahr, auch sehr gute Lautsprecher zu überfordern!!

Ganz bewußt haben wir darauf verzichtet, das Klangmaterial durch eine Dekompression zu schikken und es lauter zu machen. Dieses Verfahren macht CDs auch für einfache CD-Player voluminöser im Klang, bringt aber eine Einschränkung der Klangtiefe mit sich, wie wir fanden.

Und noch eines ist anders beim "Sternengesang": Die CD will kreativ gehört werden. Du mußt hier und dort aktiv werden. So kann die Druckwelle in gewissen Hörpositionen in Bezug auf die Lautsprecher als unangenehm empfunden werden. Variere!

Meistens löst sich der Effekt nach einigen Minuten des bewußten, durch nichts abgelenkten Hörens auf. Das Bewußtsein muß da durchgehen, gegen alle Widerstände. Dann löst der Klang die Blockaden auf und nicht selten sind dramatische Gefühlserlebnisse beim Hören der CD die Folge.
Auch eine wirklich tiefe Entspannung ist ein Gefühlserlebnis ...

Und noch einmal: Setze die CD kreativ ein. Ein einmaliges Abspielen in einer Anlage in einer Position, in einer Gemütsverfassung genügt auf keinen Fall!

Bitte beachte: "Sternengesang" ist kein Musikprojekt, sondern eine Bewußtseinsreise. Du solltest unbedingt mit den Empfehlungen dieses Buches arbeiten, sonst verpaßt Du das Meiste!

Meister?

Woher kommen die Erde? Die Sonne? Der Mond?

Woher kommt
Deine Frage?

Willkommen im Reich der Klänge

Klänge bewegen die Welt der Menschen. Eltern singen für ihre Babys und diese schlafen ein.

Trommeln oder Technorhythmen lassen Menschen bis an den Rand der Erschöpfung tanzen.

Klassische Musik regt besonders die logisch arbeitenden Teile unseres Hirnes an und läßt bespielte Pflanzen besser gedeihen.

Systemisch arbeitende Wissenschaftler aus den Bereichen der Mathematik, Physik, Astronomie und Medizin erkennen Zusammenhänge zwischen ihren Disziplinen und der Natur von Klängen und Musik.

Als Lärm empfundene Klänge stören und machen in der modernen Welt Millionen Menschen krank. Forscher gehen davon aus, daß in Deutschland über zehn Prozent der Menschen Hörprobleme haben. Unzählige leiden an Tinnitus, viele junge Leute haben Hörschäden. Hörstürze sind tägliche Realität.

Marschmusik läßt Soldaten im Gleichschritt in den Tod marschieren.

Hektische Rhythmen heben den Blutdruck und den Puls, langsame Rhythmen und sanfte Klänge lassen den Organismus entspannen.

Kaufhäuser steigern mit "Klangberieselung" nachweislich das Kaufvolumen ihrer Kunden.

Der Einsatz von Klängen in der Medizin senkt den Verbrauch von Schmerzmitteln.

Kommunikation läuft maßgeblich mit über das Hören. Wenn wir Anderen nicht zuhören, wird die Kommunikation gestört.
Unser Gleichgewichtssinn, unsere Orientierung im Raum, liegt im Ohr und ist mit dem Hörorgan verbunden.

Wir hören manchmal etwas nicht, weil wir es nicht hören wollen. Das Interpretieren von Klängen ist mit unserer Psyche verbunden, all dem, was wir an Erfahrungen gemacht haben. Was der Seele für ihre Ruhe bedrohlich erscheint, läßt sie uns oft nicht wahr-hören.

Radiomusik ist in der westlichen Wert nahezu allgegenwärtig und durch ihren massenhaften und unbewußten Einsatz droht sie zu einer Gefährdung für die Entwicklung des Menschen zu werden.

Jeder nicht bewußt wahrgenommene und in großen Mengen konsumierte Reiz birgt das Risiko eines Mißbrauchs, einer Droge, einer Manipulation. So wird vielen Menschen in der zivilisierten Welt bei der Abwesenheit von Dauerklängen wie Radio, TV oder dem Sound von Verkehr oder den Klängen von Maschinen unbehaglich. Viele ertragen Stille nicht mehr, da in der Stille zwangsläufig die Geräusche des Selbst besser wahrnehmbar werden.

Nahezu alle Völker aller Kulturen dieser Erde setzen Klänge und Musik ein, oft zur spirituellen Erweiterung.

Besonders gereifte Musik hat sich schon immer über die Klangphysik erhoben und Musiker wie Hörer mit etwas in Kontakt treten lassen, das über dem in Worten, Bildern und Tönen Faßbaren liegt.

In systemischen Wissenschaften, bei vielen Musiktherapeuten und zahllosen Weltmusikern sind spirituelle Fragestellungen die letztendlich logische Folge einer Beschäftigung mit der Welt der Klänge. Wie in nur wenigen anderen Disziplinen läßt sich in der Musik die Erfahrung machen, daß Klänge Bereiche berühren und in Dimensionen vordringen, die sich einer schulwissenschaftlichen Betrachtung mit ihren reduzierenden Dogmen entzieht. Genau genommen zeigt die linear denkende Wissenschaft in diesem Fachbereich wie umfassend ihr Scheitern in der Neuen Welt ist.

Der überwiegende Teil der Weltbevölkerung, die großen klassischen Musiker wie Mozart, Beethoven, Bach und viele andere, waren sich, genau wie die Weisen Asiens und die Schamanen allüberall auf der Welt, bewußt, daß Musik ein Tor zu einer größeren Welt zu öffnen vermag. In dieser scheint die materielle Begrenzung des menschlichen Lebens zumindest teilweise außer Kraft gesetzt oder gehorcht anderen Definitionen.

Die große Mehrheit aller Musiker, mit denen ich sprach und arbeitete, haben unter Musikeinfluß Erfahrungen gemacht, die deutlich über ihre alltägliche "normale" und erlernte Wahrnehmung hinausging.

Fast alle Menschen, die beginnen, mit und für die Musik zu leben, erfahren Veränderungen in ihrem Leben. Dazu müssen sie nicht einmal Musik spielen. Schon das Hören kann die Welt erweitern.

Die CD "Sternengesang" ist hier eine Möglichkeit. Sie gibt wahrscheinlich so gut wie nichts von dem wieder, was die Mehrheit der Menschen an Musik und Klang gewohnt ist. Wenn Du nur ein- oder zweimal im Monat zu einer CD wie Sternengesang eine Stunde Deines Lebens hinhörst, ohne irgendeiner Tätigkeit wie Aufräumen, Duschen, Post sortieren oder Essen nachzugehen, wird sich schon etwas verändern.

Wachsen muß nicht als spirituell wahrgenommen werden. Viele sagen einfach: Mir geht es körperlich und geistig besser, seitdem ich Musik mache, seitdem ich bewußter hinhöre. Ich habe neue Menschen kennen- und liebengelernt oder alte Bekannte neu kennengelernt. Ich erfahre das Hören nun als viel sinnlicheren und reichhaltigeren Bestandteil meiner Sinneswelt.

Willkommen im Reich der Klänge.

Die Geschichte des Gongs

Über die Ursprünge des Gongs ist der Forschung nichts Genaues bekannt. Es wird allgemein angenommen, daß sie 2000 Jahre vor unserer Zeitrechnung in Südostasien aufkamen.
Jens Zygar geht in seinem "Kreativen Gongbuch" davon aus, daß schon vorher Gongs oder gongähnliche Instrumente hergestellt wurden. Es scheint logisch: Menschen probieren alles was möglich ist aus, und wenn man sie läßt, benutzen sie alles, was sie erfinden. So ist anzunehmen, daß mit der Entdeckung und Nutzung der Metalle nicht nur Werkzeuge und Eßgeschirr hergestellt wurde: Eine Schale oder eine Pfanne aus Bronze klingt, wenn man sie anschlägt. Wahrscheinlich wurden Pfannen schon bald experimentell in Klangscheiben umgeformt.

Aus der Geschichte der frühen Iren des auslaufenden Bronzezeitalters wissen wir: Sie schufen handwerklich hochausgereifte Blasinstrumente, im Klang dem australischen Didgeridoo ähnlich. Also können wir getrost davon ausgehen: In Asien wurden ebenfalls schon vor 3500 Jahren und früher gongähnliche Klangkörper genutzt.

Die Forschung geht davon aus, daß Gongs nicht chinesischen Ursprungs sind, da dort gongähnliche Instrumente erst seit 300-500 nach Christus erwähnt werden.

Schon bald nach diesem `offiziellen´ Erscheinen der Gongs erfreuten sich die Klangkörper in vielen Regionen Asiens großer Beliebtheit. Der Besitz eines Gongs galt als Statussymbol.

Seine Herstellung war wenigen Familien vorbehalten. Sie reichten die Gongbaukunst von Generation zu Generation weiter.

Wurde der Gong anfangs möglicherweise als Signalinstrument eingesetzt (die Pfanne mit dem Rührlöffel anschlagend: Essen fertig! Die Pfanne dem Feind um die Ohren schlagend, den Nachbarn verkündend: Böse Kerle im Anmarsch!), so berichten Quellen aus China, daß Gongs später bei höfischen Zeremonien Verwendung fanden.

Die Entwicklung des Gongs verlief je nach Region und politischer wie sozialer Kultur verschieden. Hier wurde er verboten, da fand er als Zahlungsmittel Einsatz und zum Beispiel in Jawa wurde die von Gongklängen bestimmte Gamelanmusik ein fester Bestandteil des Lebens.
Bis vor kurzem gab es dort viele Tausend dieser kleinen, so charakteristischen Orchester. Heute, unter dem Einfluß westlicher Gebräuche, sind es weniger als Einhundert.

Frühe Gongs haben schon vor langer Zeit über die Seidenstraße ihren Weg nach Europa gefunden. Im späten Mittelalter wurden einfache Varianten als Signalgong verwendet.

In der westlichen Musikkultur tauchte der Gong - von seinem Vorgänger, dem Gongkessel in den Hochkulturen des frühen Griechenlands einmal abgesehen - erstmalig um 1791 auf.

Rund einhundert Jahre später begann der "Siegeszug" des Gongs: Im frühen zwanzigsten Jahrhundert wurde er fester Bestandteil vieler Kompositionen und Orchester westlicher Musik.

Seit den sechziger Jahren wird der Klangkörper immer häufiger mitbestimmender oder zentraler Bestandteil moderner Kompositionen.

In den letzten zwanzig Jahren nun fand der Gong als Solo-Klangkörper eine wichtige Bedeutung: Aufgeschlossene Therapeuten setzten Gongs in ihrer Patientenarbeit ein, zahlreiche Musiker spielten Gongs weltweit auf reinen Gongkonzerten und zahlreichen CD-Produktionen. Hier und dort fanden Gongs, meist als Effektinstrument, Eingang in die Rock- und Popmusik.

Heute bieten hier in Europa immer mehr Instrumentenbauer eigene Gongkreationen und gar Gongbaukurse an.

Es gibt aktive Gamelanorchester und immer neue Fusionen von Gongs mit elektronischen wie akustischen Instrumenten in der so einfallsreichen wie experimentierfreudigen Weltmusik-Szene.

Die Gongs dieser CD

Bei meinen Auftritten fragen die Zuhörer oft, woher die von mir gespielten Gongs kommen. Wenn ich dann erkläre, daß sie in Deutschland an der Ostsee hergestellt werden, geht meist ein erstauntes wie amüsiertes Raunen durch das Publikum: Allgemein nimmt jeder an, Gongs kommen aus Asien.

Die Gongbauer der Firma Paiste in Schacht-Audorf brachten die Kunst der Gongherstellung auf ein neues Niveau. Mit einer ganzen Reihe verschiedener Gongtypen hat sich die Firma, einst hauptsächlich für die Produktion ausgesuchter Becken bekannt, weltweit einen Namen gemacht.

Doch auch andere kreative Instrumentenbauer schlafen nicht. Bedingt durch die gestiegene Nachfrage nach Gongs und die Zunahme kreativer Instrumentenbauer steht zu erwarten, daß in den nächsten Jahren neue Qualitätsgongs auftauchen werden.

Planetengongs

Diese speziellen Gongs wurden erst 1989 in Zusammenarbeit von Paiste mit dem Hamburger Klanghaus (Jens Zygar) und der Forschungsgruppe "Kosmische Oktave" entwickelt.

Hans Cousto, ein Schweizer Mathematiker und Lebenskünstler, hatte einen aufregenden Zusammenhang zwischen den Planetenumlaufzeiten (eben ihren Frequenzen) unseres Sonnensystems und den Frequenzen hörbarer Klänge entdeckt. Die Stimmungen der Planetengongs sind Ausdruck seiner Entdeckungen.

Jeder für neue Erfahrungen offene Mensch kann durch die Begegnung mit dem Klang der Planetengongs ein tief beeindruckendes Erlebnis haben.

Gongherstellung

Ausgangsmaterial für den Gongbauer ist eine flache Metallscheibe. In Asien stellt diese oft noch der Gongbauer selbst aus geschmolzenem Bronzeguß her. Der zu einer flachen Scheibe gegossene Bronzeguß bildet die Baugrundlage für den Gongschmied.

Viele westliche wie asiatische Gongbauer beziehen inzwischen flache Scheiben aus Metallen oder Metallmischungen ihrer Wahl von einem metallverarbeitenden Lieferanten und beginnen gleich mit dem Schmiedeprozess.

Dem Gongbau wohnt seit jeher ein besonderer Zauber inne. Im Altertum war er wenigen in Familientradition ausgebildeten Meistern vorbehalten. Ihre Kunst war hochgeschätzt.

Die Lehre der Elemente gibt es in vielen Kulturen. Die vielschichtigste mir bekannte Variante stammt aus dem chinesischen Denken. Sie ist ein Mittel zur Beschreibung der Wandlungsprozesse des Seins. Wir finden ihre Bestandteile auch im Gongbau wieder: Das Metall für den Gong stammt aus der Erde. Feuer wandelt Erde zu Metall. Metall von Hammer und Amboß formen gemeinsam mit der Hitze des Feuers das Metall des Gongs. Wasser und Luft wiederum kühlen das heiße Metall.

Mit Hammerschlägen formt der Gongmacher die Metallscheibe nach seinen intuitiven Vorstellungen eines inneren Klanges, den er im Gong Wirklichkeit werden läßt.

Je klarer die Zieldefinition des Klanges ist, desto meisterlicher muß der Gongbauer sein Handwerk beherrschen.

Gestimmte Buckelgongs verlangen exakte Arbeit, die modernen Symphonic Gongs, wie auch die auf der CD hörbaren Planetengongs, präzises Handwerk. Sie sind bis auf zwei Stellen hinter dem Komma in Hertz gestimmt.

Der vollendete Gong ist von zwei, oft nur einem exakten letzten Schlag des Baumeisters abhängig. Zwei Schläge zu wenig - und der Ton ist nicht getroffen. Ein Schlag zuviel - und der Ton ist nicht mehr wiederherzustellen.

So vereint der Herstellungsprozess besonders in seiner Endphase zwei kosmische Prinzipien: Das männliche, eindringende, verändernde Prinzip durch den Hammerschlag des Schmiedes und das weibliche, umfassende, aufnehmende Prinzip durch das feinfühlige Hören des Baukünstlers.

Aktion und Meditation formen das Instrument.

einst
als wir träumer waren, kinder
giganten im herzen
haben sie versucht, uns davon abzuhalten
dem gesang der sterne zu lauschen

sie hatten angst, daß unsere träume
ihre leben lüge strafen

doch wir haben nicht vergessen

nun sind wir mann, sind frau
und ist es wieder an der zeit
hinauszugehen
in die nacht

die sterne sind unsere geschwister
flüsternde giganten, die uns träume schenken

lauschen wir ihrem gesang

Verschiedene Gongformen

Verschiedene Gongtypen lassen sich durch ihr Profil voneinander unterscheiden.

Jens Zygar stellt in seinem "Kreativen Gongbuch" fünf gängige Gruppen mit Variationen von achtzehn Profilen dar, wahrscheinlich gibt es noch weitere Formen.

Schon durch den Winkel des Randes verändert ein Gong sein Profil und natürlich auch seinen Klang.

In Deutschland finden sich vier bis fünf Gongformen mit charakteristischem Aussehen und Klang recht häufig in den Musikläden, bei Esoterikhändlern und im Musikalienfachhandel.

Tam Tam

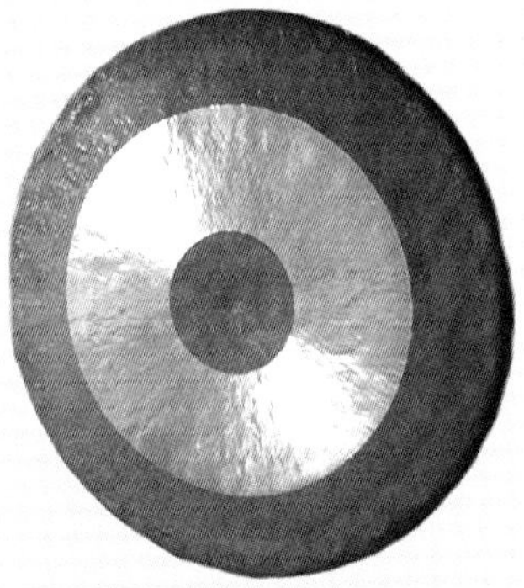

Flache Anschlagfläche mit Durchmessern von ungefähr 30-150 Zentimetern, kurzer Rand mit leichter Außenneigung.
Tam Tams gelten als die klassischen chinesischen Gongs (Chao Luo).
Sie haben einen vollen Bassklang, bei stärkerem Anspiel können mehrere Obertöne gleichzeitig hörbar werden.

Operngong

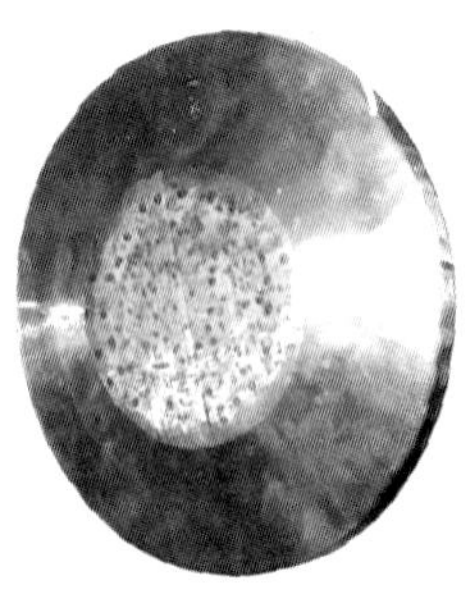

Kleine, konisch geformte Gongs mit 20 bis 40 Zentimeter Durchmesser, geradem Rand und sehr ausdrucksstarkem, schrillem Sound.
Je nach Schmiedetechnik braust der Ton erst auf, um sofort ab- oder aufzusteigen.
Diese Gongs hört man oft bei Auftritten chinesischer Artisten wie vom Chinesischen Nationalzirkus.

Feng Gong

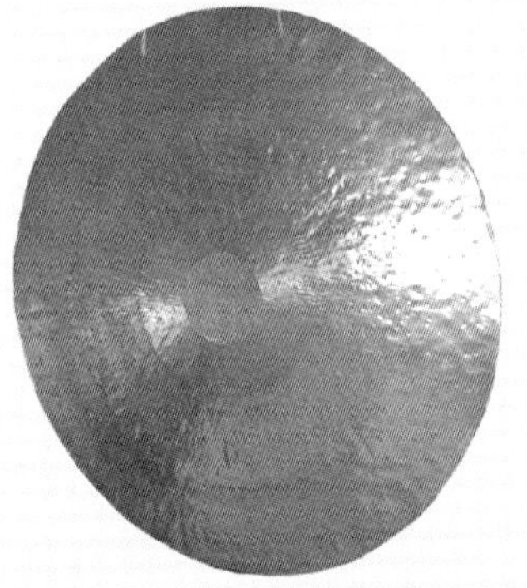

Flachgong ohne Rand. Feng (Wind)-Gongs (Feng Luo).
Mit ca. 45 bis 100 cm Durchmesser entwickelt er bei sanftem Anschlag tiefe Basstöne, bei stärkerem Anschlag obertonreiche Klänge bis zu lautem Rauschen.
Der Klang wirkt offener als beim Tam Tam. Eignet sich hervorragend zum Spiel von Effekten wie auf dem CD - Stück "Raum".

Das ist natürlich nur eine kleine Auswahl standardmäßiger Gongs, die wir häufig im Verkauf antreffen. Eine rege und stetig wachsende "Gongszene" weltweit und in Deutschland bringt Variationen und Neuerungen in Gestalt und Klangstruktur hervor.

Unter den Großen ist hier wieder die Firma Paiste zu nennen. Sie schuf zum Beispiel die "Sound Creation Gongs", eine schon optisch aufregende Gongreihe, die gezielt archetypische Klangcharaktere umsetzte. Diese Gongs werden inzwischen nicht mehr produziert, dafür tauchen immer neue kleinere Produktionen auf, die, auch aufgrund der gestiegenen Nachfrage nach hochwertigen Gongs, mit Ehrgeiz und Liebe zur Vervollkommnung an technisch-klanglichen Innovationen tüfteln.

Buckelgong

Ein hervorgehobener Buckel und ein tieferer Rand als beim Tam Tam verschaffen diesen Gongs ein klar gestimmten, warmen Grundton bei einem Durchmesser von 18 bis 100 cm und mehr.
Bekannt sind sie besonders aus der Gamelanmusik, wo in Orchestern über 70 verschiedene Buckelgongs zum Einsatz kommen >>

Thai-Gong

<< und den so typischen Südostasienzauber schaffen.

Die chromatisch gestimmten Thai-Gongs (Bild Mitte) sind meist verzierte Variationen (Bild links: ein mächtiger Kuppelgong aus Indonesien).

Schon mit drei bis vier Gongs lassen sich angenehm klingende Melodien spielen.

Neue Gongs

Immer mehr kleine Gongbaufirmen und Einzelpersonen machen sich in den letzten Jahren einen Namen mit ihrem kreativen Repertoire.
Sie schaffen neue kreative Variationen in den Gongtypen und bilden einen eigenen Baustil heraus. Es steht zu erwarten, daß in den kommenden Jahren weiterhin aufregende neue Gongs entstehen werden.

Meister?

Woher kommen der Klang?

Die Schwingung?

Das Hören?

Woher kommt deine Frage?

Die kosmische Oktave

Viele klassisch gebildete Musiker kennen die kosmische Oktave gar nicht. Für zahllose Hersteller "exotischer Instrumente", Musiker und viele Musiktherapeuten wurde sie unverzichtbar. Künstler wie Heiler setzten die Erkenntnis der kosmischen Oktave zum Wohl und zur Lust hörender Menschen ein. Sie hat in kürzester Zeit Berühmtheit erlangt und ist aus Denken, Fühlen und Musizieren zahlloser weltoffener Musikfreunde nicht mehr wegzuhören.

Ich bin leider mathematisch außerordentlich unterbegabt und daher beschränke ich mich in diesem Buch darauf, Dir das Wenige zu erklären, was ich erfassen kann und was ich erfahren habe. Wer tiefergehend interessiert ist, dem lege ich herzlich nahe, auf künftige Veröffentlichungen im Traumzeit-Verlag zu achten - es ist Einiges in Planung.

Nun eine Beschreibung mit Laienworten.

Die kosmische Oktave

Als Grundlage zum Verständnis dieser Arbeit scheinen mir vier Dinge schlüssig:

1. Das Oktavieren
2. Die Planetenbahnen
3. Das Hören
4. Das Sich-Wundern

1. Das Oktavieren

Das Oktavieren ist grundeinfach, jedem wurde das Können dazu in die Wiege gelegt. Wenn ein kleines Kind ein Lied nachsingt, das der Vater vorgesungen hat, so tut es das mit einer höheren Stimme als der Vater. Dennoch bleibt es das gleiche Lied.

Das macht fast jeder von uns hier und dort im Leben: Eine Melodie mit der eigenen Stimme eine Oktave höher oder tiefer nachsingen.

Auf einer Gitarrensaite kann fast jeder Mensch mit dem Ohr die Mitte einer Saite bestimmen. Wenn man die Saite abklemmt und die beiden "halben" Saiten zupft, so ist die Oktave erreicht, wenn die beiden Halben genau gleich klingen. Bis auf wenige Millimeter genau kann das Ohr die Mitte der ganzen Saite finden und hat dann links und rechts die Oktave dieser Saite.

Dieses Oktavieren einer Saite kann man nun beliebig vorführen: Also die eben erhaltene halbe Saite noch einmal in der Mitte teilen, die dann erhaltene Hälfte nochmal teilen, dann nochmal und nochmal.
Irgendwann hat man eine wahnsinnig kleine Saite und die kann man gar nicht mehr schwingen hören. Aber dennoch schwingt sie und erzeugt schwingend einen Klang. Er ist nur nicht für unsere Ohren hörbar. Hunde aber, das weiß jeder, hören noch viel feinere Klänge als wir, und Fledermäuse gar nehmen Sounds hörbar wahr, wo nur noch hochtechnische Apparaturen uns anzeigen: da schwingt und klingt noch was.

Oktavieren kann man aber auch nach unten: Der Vater kann ja auch mit seiner tiefen Stimme eine Melodie nachsingen, die von der Tochter gerade vorgepiepst wurde. Er oktaviert das Lied nach unten.

Die Planetenbahnen

Die Planeten bewegen sich durch unser Sonnensystem, jeder auf seiner Bahn. Die Bahn jedes Planeten kann man auch als eine Schwingung ansehen: Der Planet schwingt um die Sonne. Immer in der gleichen Bahn.

Die Erde braucht 365 Tage dafür, Pluto über 90.000 Tage. Witzigerweise schwingen die Planeten elliptisch, ähnlich wie eine Saite. Sie beschreiben keinen Kreis in ihrer Bewegung um die Sonne, sondern eine Ellipse.

Hans Cousto hat nichts anderes gemacht, als die Schwingungswerte der Planeten in Sekunden umzurechnen. So braucht die Erde x Sekunden bei ihrer Schwingung um die Sonne. Der Mars braucht xy Sekunden für diesen Vorgang, der Pluto XYZ Sekunden und so fort.

Frequenz und Zeit verhalten sich umgekehrt proportional zueinander. Frag mich nicht warum: Aber es ist wohl so in der Mathematik. Also bildet Cousto von diesen Sekundenzahlen den Kehrwert. Bei allen Planeten, er schummelt nicht.

Die Zahl, die dabei herauskommt, oktaviert er, multipliziert sie mal zwei. Den erhaltenen Wert wieder mal zwei. Und so fort.

Das Hören

Irgendwann kommt dabei eine Zahl raus, die in Hertz, das ist die Anzahl von Schwingungen in einer Sekunde, einen für unsere Ohren hörbaren Wert ergibt. Bei der Erde sind das nach 32 Multiplikationen mit 2 (oder Oktavierungen) ziemlich genau 136,10 Hertz.

Das Sich-Wundern

Wenn bei einer solchen Rechnerei ein Wert herauskommt, der für uns hörbar ist, so ist nichts besonderes daran, es wäre mathematisch zwangsläufig. Aber: Der Wert gibt einen für unser Hören harmonischen Ton wieder. Daß dies geschieht, ist mathematisch gesehen von einer relativ geringen Wahrscheinlichkeit. Die Teilung könnte irgendeine Hertzzahl hervorbringen, die für unsere Ohren schräg oder schrill klingt.
Tut sie aber nicht. Sie klingt schön.

Noch mehr wundern darf man sich aber darüber, daß die Planetenbahnen aller neun Planeten unseres Sonnensystems nach diesem Rechenprozeß einen Wert ergeben, der unserem Hörverständnis nach harmonikal - schön - klingt.

Die mathematische Wahrscheinlichkeit für dieses Ergebnis ist äußerst gering.

Was ich als Sich-Wundern bezeichne, bedeutet nicht, an Magie zu glauben. Ich denke vielmehr, daß die Verwobenheit unseres Universums in einer Weise komplex ist, die unser Denken oft sprengt. Und wenn etwas das Denken sprengt, ist es sehr logisch, es nicht zu ignorieren oder zu verteufeln, sondern sich zu wundern.

Denn sich wundern macht glücklich. Glück zu empfinden ist wiederum klares Ziel der Evolution des Menschen.
Wunderbar!

Die Entwicklung unseres Hörgefühls steht also in einem mathematisch-musikalischen Zusammenhang mit der Bewegung unserer Planeten.

Ich nehme schwer an, daß das "harmonikale Hören" einer anderen Spezies in einem anderen Sonnensystem sich nach der Bewegung der Planeten in eben diesem System entwickelt und ausgeprägt haben könnte.

Die Frage, die bleibt, ist: Warum hat die Evolution uns ein Gefühl für eine derart riesige kosmische Dimension wie die Bewegung unserer Planeten gegeben?

Was macht es für einen Sinn, daß wir Klänge als schön empfinden, die in einem exakten musikalischen Verhältnis zur Bewegung der Planeten stehen?

Wenn Dich diese Ideen und Fragestellungen inspirieren, dann bist Du gut mit den Büchern Hans Coustos und Joachim-Ernst Berendts beraten.

Die kosmische Oktave und weitere mehr als spannende Klangphänomene finden sich nicht nur in der Struktur unseres Hörens, sondern in zahllosen Bereichen der uns bekannten Schöpfung.

Die Gongs dieser CD

Erde (Titel Gaia und Raum)

Umlaufzeit: 1 Jahr. Das sind 365, 242 Tage mit 86400 Sekunden.

Das tropische Jahr hat also 31 556 925,9747 Sekunden. Zeit und Frequenz verhalten sich umgekehrt proportional zueinander. Also dividiere ich 1 durch die Sekunden.

Die erhaltene Zahl wird nun oktaviert: So oft, bis ein "hörbarer Wert" herauskommt.

32 mal und wir hören 136,10 Hertz.

Der Ton: Ein Cis. Das entspricht einem a´ ,dem Kammerton, nach dem - zumindest im westlichen Musikverständnis - alle Instrumente eingestimmt werden, in Hz: 432,10.

Sein Klang berührt tief. Die Inder intonieren seit Menschengedenken
ihr heiliges "Om" auf den Ton Cis. Sie nennen ihn den "immerwährenden Ton"
und, wie wahr, die Erde begleitet uns von der Geburt bis zum Tod.
Von unserer Zeugung bis sich unser Körper wieder in Erde wandelt.
Die ganze Zeit trägt sie uns auf ihrem Körper,
rund um die Sonne schwingend.

Das indische Om,
Symbol der Urschwingung.

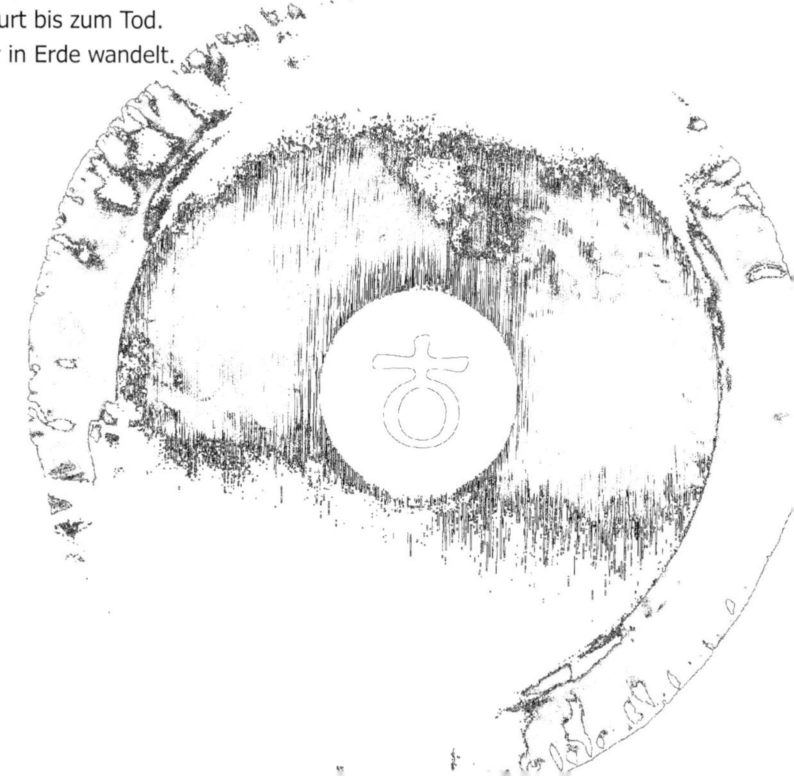

Sonne (Titel Sol, Vibration und Raum)

Gestimmt ist dieser Gong auf einen "absoluten" Sonnenton, berechnet nach einem aufwendigerem mathematischen Verfahren als die übrigen Gongs des Planetensystems. Mir ist das - ehrlich gesagt - zu kompliziert. Ich kenne aber den Sonnengong. Sein Klang scheint mir außerirdisch. Da die Mathematik zu seiner Stimmung geführt hat, traue ich ihr auch ohne jedes Begreifen können Berechtigung zu.

Die Sonne markiert den äußersten Punkt unseres "Systems". Ebenso der Klang des Sonnengongs: Er führt die Hörerin in die Transzendenz, die Magie.

Der Ton ist fordernd, sanft vorrückend. Er klingt liebevoll und warm, gleichzeitig jedoch agressiv und schöpferisch.

Was auch immer Cousto da errechnet hat, das Ergebnis zu hören bewegt die meisten Menschen.

Der Sonnenton unterscheidet sich - meinem Gefühl nach - am stärksten von allen Gongs der Reihe, ja den Gongs überhaupt.

Umlaufzeit: 3,582E-10

Frequenz: 126,22 Hertz

Oktavzahl: -8, Ton: H

Entspricht einem a´ in Hz: 449,80

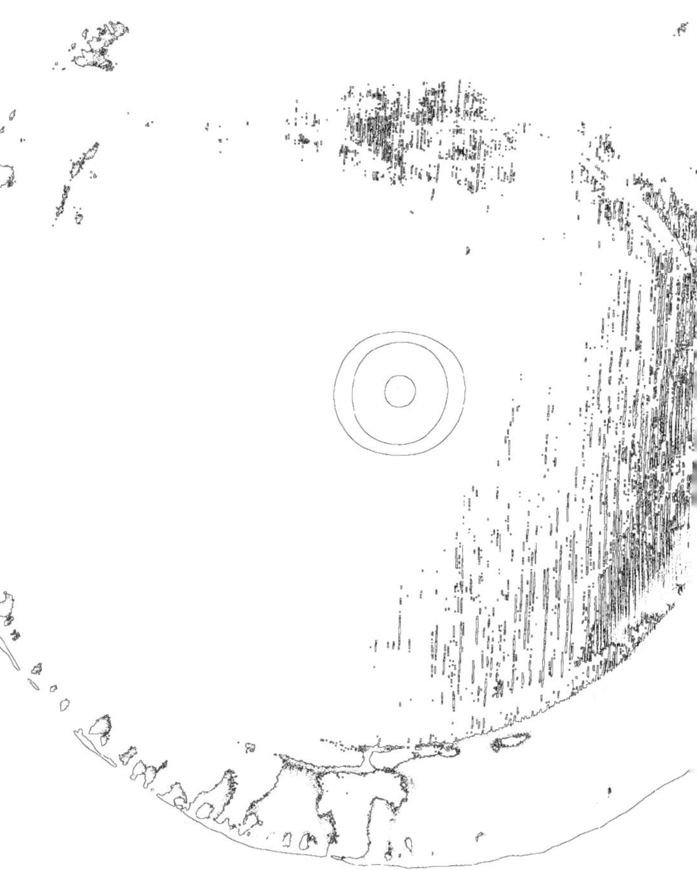

Mondin

Sprachforscher können nachvollziehen: Die Mondin wurde vor Jahrhunderten "sprachlich" entweiblicht. Weil einst mit dem Klang der Worte der Sinn der Dinge einherging. Sinn und Kraft des Weiblichen waren die Mächte einer anderen Zeit, die man versuchte, auszumerzen.

Die synodische Mondin

(Titel Mondin und Raum)

beschreibt die durchschnittliche Zeitspanne
von Vollmond zu Vollmond
(oder von Neumond zu Neumond).

Trotz der Wärme
des gewaltigen Erdgongs und der transzendierenden Kraft des nicht minder großen Sonnengongs reagieren viele Menschen mit einem spontanen "klingen die schön!" auf die kleinen Mondinnen-Gongs.

Ihr Klang verkörpert die Prinzipien von Kommunikation und Liebe, auch im erotischen Sinne ...

Die siderische Mondin

(Titel Vibration, Mondin und Raum)

beschreibt den Umlauf des Mondes
um die Erde.
Der Fixsternhimmel
ist Maß dieser Schwingung.

So dauert die synodische Schwingung
29,530588 Tage,
die siderische 27,321661 Tage.
Den Kehrwert dieser Zahlen in Sekunden
oktaviere 29 mal.
Die Frequenzen: 210,42 Hertz und 227,43 Hertz
sind das Ergebnis.

Im hörbaren Bereich hat die synodische Mondin ein Gis,
die siderische ein Ais.
Diese entsprechen einem a´
mit 445,86 Hertz und 429,33 Hertz.

Nicht die Frequenzen der Planetenbahnen sind in einem exakten mathematischen Verhältnis
zur Harmonie des Hörens gewählt.
Die Evolution auf dieser Erde hat vielmehr
den Entwurf der Harmonie des Hörens
an den Planeten und ihren Schwingungen orientiert.
Das kann man mathematisch oder spirituell sehen,
heraus kommt in jedem Fall

Harmonie

Hören als Meditation - Meditation als HörWeg

Meditation macht bewußt.
Einen Spaziergang. Den Sommerregen.
Ein durststillendes Glas Wasser zu trinken ist, im Hier und Jetzt wahrgenommen: Meditation.

Die Liebe ist Liebe durch Meditation.
Ohne Liebe bleibt Trieb oder etwas ähnliches.
Sex wird orgiastisch und so wieder Liebe durch bewußtes Erleben. Meditation.

Meditation ist oft Stille.

Stille nehme ich wahr, wenn ich hinhöre.

Hören kann Meditation sein. Bewußt hören. Wenn ich mich dem Prozeß des Hörens ganz anvertraue, gebärt dieser ein Gefühl, als würde ich in einem Meer schwimmen. Einem Meer der Klänge.

Egal, ob in einem Konzert, bei einer CD oder auf einem Stein neben einem plätschernden Bachlauf sitzend.

Sogar der Sound eines Biergartens oder einer Straßenkreuzung in einer belebten Stadt kann zu einem Meer werden. Einem Meer, in dem man schwimmen kann.

Getragen von den Wellen des Klanges.

Man muß nur selbst still sein.
Hören kann Dich dahin führen: in die Stille.

Meine Meditationen sind HörWege.
Ich bin sie alle selbst gegangen, habe andere Menschen in Seminaren oder privat ein wenig mitgenommen. Meine HörWege sind keine gepflasterten Autobahnen in das Reich der perfekten Meditation. Keine Konstrukte, die Du erklimmst, um zu Dir zu finden.

Es sind Wege. Meine Wege. Ich habe sie für mich entwickelt, weil mir die Wege fast aller anderen Meditationen nicht behagten. Ich bin sie immer eine Weile gegangen und dann habe ich eine Abzweigung genommen und bin dem eigenen Weg gefolgt.

So wünsche ich meine HörWege zu verstehen:
Sie können Dich auf den Weg bringen, aber es ist schön und sinnvoll, wenn Du an seinen Seiten Abzweigungen entdeckst. Folge ihnen.
Wahrscheinlich führt manch eine Abzweigung Dich im Kreis, Du verläufst Dich gar. Das macht nichts, das passiert. Wer sich verläuft, kann neue Wege entdecken. Also verläufst Du Dich gar nicht, Du findest nur zufällig neue Wege ... zufällig?

Meine Meditationen sind HörWege, denn sie haben alle damit zu tun, daß Du bewußt hinhörst. Meine HörWege sind Inspirationen. Sei kreativ.

Finde Deine Wege. Sei offen und bereit.
Die Antworten auf alle Fragen des Lebens schlummern in Dir, in jedem Menschen.

Habe den Mut:
Höre auf die Stimme Deines Herzens.
Sie weiß genau, was wichtig für Dich ist.

Habe den Mut zur Stille.

Den Mut zu Hören.

HörWege I - Klang werden

Jeder können hier und dort im Leben Klänge begegnen, die sie nicht mag. Vielleicht erzeugen sie gar Unwohlsein bei ihr. Das muß nicht an einer zu großen Lautstärke liegen, es können auch feinste Sounds leise gespielter Musik sein.

Meiner Erfahrung nach können in diesem Fall die Klangschwingungen den Körper oder eine spezielle Körperstelle nicht ungehindert ins Schwingen bringen, wenn einem dort unwohl wird. Die Schwingungen erzeugen Dissonanz, sie bringen Bewegung in eine Region, die sich dieser Bewegung unbewußt widersetzt.

Bei dem einen ist es das hohe Schwingen einer singenden Klangschale, einer anderen wird beim Klang eines Didgeridoo unheimlich, der dritte bekommt Kopfsausen vom Klang eines Gongs und viele machen auf Rockkonzerten die Erfahrung: Massive Bässe können Herzbeklemmungen hervorrufen.

Selbstverständlich kannst Du diese Übung auch mit jedem Sound machen, der Dir gut gefällt, den Du magst. Du kannst Dich so auf das Inniglichste mit ihm verbinden.

Eins mit ihm werden. Die Gongklänge der CD eignen sich hervorragend dazu.

Höre lauschend hin:
Wo verursacht der Sound Unwohlsein?
Im Bauch? In der Herzgegend? Im Kopf?
Wo genau?

Jetzt versuche den Sound, der Dir das Unbehagen verursacht (oder: der Dir guttut), mit der Stimme nachzubilden.
Singend. Summend. Schreiend.
Nicht groß nachdenken! Ganz nach Gefühl.
Imitiere den Klang, so gut es geht.

Nun stell Dir vor, Du leitest die Schwingung, die Du da erzeugst, in den Bereich Deines Körpers, wo Dir der von außen kommende Klang Unwohlsein verursacht.

Lasse Dein Singen Surren Kreischen dort alles füllen. Stell Dir vor, wie jeder Muskel, alles Gewebe, jeder Knochen und jede Zelle dort in Schwingung gerät, angesungen von Dir und von der Klangquelle draußen.

Lasse alles in Dir Klang werden.

Dieser geliebte oder gefürchtete Klang.

Führe ihn bewußt in die Region des Fühlens, die seiner bedarf. Dort lasse ihn fließen und Deinen Körper füllen.

Werdet eins,
der Klang von draußen,
Dein Singen Surren Quietschen,
Dein Körper.

Den meisten Menschen, mit denen ich diese Übung gemacht habe, hilft sie weiter. Bei Meditierenden der Musik kann sie in eine neue Dimension der Klangerfahrung führen. Je öfter Du es übst, desto leichter wird es Dir fallen, eins mit dem Klang zu werden.

HörWege II – Getragen werden

Vielleicht wirst Du beim Lesen dieses Weges spontan denken: Ist das nicht ein bißchen einfach? Die Antwort: Ja, es ist einfach.

Aber wann hast Du es das letzte Mal getan?
Einfach - Sein?

Am besten auf einem Stück Rasen, Wiese, auf Waldboden. Im Haus auf dem Boden mit einer bequemen, nicht zu weichen Unterlage. Ein Teppich ist gut.

Auf dem Rücken oder Bauch liegend. Arme und Beine wie es Dir gefällt: Weit von Dir gestreckt oder nahe am Körper. Wenn es nicht unbequem für Dich ist: Die Handflächen zur Erde hin gewandt.

Atme Dich. Höre Dich.
Versuche, die Zeit zu fühlen.
Bist Du hier und jetzt!?

Spüre, wie Du die Erde berührst, wie Du liegst.
Höre in Deinen Körper.

Laß Dich fallen.
Es kann Dir rein gar nichts passieren.
Die Erde unter Dir hält Dich.
Sie wird Dich immer halten.

Spüre der Vorstellung nach:
Gehalten werden.

Du bist ein Kind der Erde.
Egal wer Du bist, egal wie Du bist:
Die Erde trägt Dich. Sie hält Dich.

Lass die Vorstellung in Dir wachsen:
Du wirst angenommen um Deiner selbst willen.

Versinke in dem Gefühl: Ich werde getragen.

Das ist schon alles, und es ist doch mehr, als uns je ein anderer Mensch und sei er noch so voller Liebe zu uns, tun kann: Uns tragen, mit all den Ängsten und Sorgen, unserem Leid, unserer tiefsten Traurigkeit, aber auch mit all dem Licht und der Hoffnung und Kraft, die in uns wohnt.

Mache diese Übung so oft es geht und gerade, wenn Du erschöpft und müde bist oder die Hoffnung Dich zu verlassen droht.

Lege Dich auf die Erde und lasse Dich tragen.

Und höre hinein in das Gefühl, da, wo Du mit Deinem Körper auf der Erde liegst. Höre genau hin. Immer wieder.

Je öfter Du Dich der Erde hingibst, je öfter Du ihr die Last Deines Leibes anvertraust, desto deutlicher wirst Du sie hören können.

Spüre genau hin.

Die Erde trägt Dich nicht nur. Sie spendet Dir nicht nur die unbedingte Kontinuität ihres Daseins. Die Erde gibt Dir Kraft.

So kannst Du wieder aufstehen.

HörWege III - Zeit fühlen

Zeitmangel ist zu einem sehr ernst zunehmenden Phänomen der Gegenwart geworden. Inzwischen hat niemand mehr Zeit. Wir alle jagen durchs Leben, rennen hinter der Zeit her.

Oder laufen wir etwa vor ihr weg?

Was macht uns Menschen am meisten aus? Unser Denken oder unser Fühlen? Auch wenn Du ein sehr logischer Charakter bist: Die Forscher aller erdenklichen Wissenschaften sind sich heute nahezu einig, daß unser Denken ein kleines Ruderboot auf einem Weltmeer der Gefühle ist.

Gerade Männer neigen gerne dazu, sich auf ihr Denken etwas einzubilden. Und schon dieses Einbilden zeichnet sie als Gefühlswesen aus.

Aber egal, gehen wir davon aus: Fühlen ist zumindest sehr wichtig für uns, es bestimmt sehr wesentliche Dinge unseres Lebens.

Dann fühle mal die Zeit ...

Versuche, die Zeit zu fühlen ...
Denn mit der haben wir so unsere lieben Probleme. All die Bücher über die Zeit und das Denken und Zeitmanagement und Philosophie und so fort, haben uns nicht von der Zeit befreit. Mehr und mehr Menschen scheinen ihr Sklave zu werden.

Fühle in Dich hinein.
Das ist ein Frage der Übung, jeder kann es lernen, auch wenn es bei manch einem Wochen und Jahre dauert: Du kannst lernen, in Dich hinein zu hören, zu fühlen.

Versuche, in Dir die Zeit zu fühlen.
Versuche, sie außerhalb von Dir zu fühlen.

Werde ganz Gefühl.
Fühle Deinen Körper. Seine Position im Raum.
Vielleicht weht der Wind sanft durch Deine Haare.
Vielleicht fühlst Du die Sonne auf Deiner Haut.
Tausend kleine und große Dinge wirst Du fühlen.
Aber fühlst Du die Zeit?

Kannst Du
die Vergangenheit oder die Zukunft fühlen?
Vielleicht fühlst Du Dein Herz erregt schneller schlagen, wenn Du an eine vergangene Liebesnacht denkst.

Vielleicht fühlst Du Deinen Magen sich zusammenziehen, wenn Du an die Gefahren eines möglichen zukünftigen Atomkrieges denkst.

Ist das, was Du fühlst,
nicht immer hier und jetzt?

Keine Vergangenheit oder Zukunft läßt sich fühlen, nur Deine aktuellen Reflexionen über sie fühlst Du.

Bei dem Versuch, die Zeit zu fühlen, gelangst Du immer in der Gegenwart an. Weil die Gegenwart das einzige ist, was wir fühlen können. Nur hier und jetzt können wir fühlen.

Morgen zu fühlen oder Gestern, das wäre ein Paradoxon.
Dein Gefühl über Gestern fühlst Du.
Aber eben heute. Jetzt.

Kannst Du das? Ganz hier und jetzt sein?
Dann kannst Du Zeit fühlen.
Wenn Du ganz hier und jetzt bist.

Was Du fühlst, ist die Gegenwart.
Jeder Augenblick ist Gegenwart.
Absolute Präsenz.

Solange Du Zeit fühlst, kannst Du nur eines fühlen:
Gegenwart.
Gegenwart aber ist ewig.

Von Augenblick zu Augenblick pflanzt sich Gegenwart fort.
Sie ist immer da, ein kontinuierlicher Strom.
Sie ist wie ein Fluß.
Immer überall.
Ständig im Wandel und doch immer: Da.

Wenn Du Gegenwart fühlst, kann das
- meiner Erfahrung nach - ein Zustand tiefster Meditation sein.
Während einer Klangmassage fallen meine Klienten in dieses Fühlen - ganz ohne jede gedankliche Anstrengung - es passiert einfach. Und ausnahmslos alle Menschen sind von diesem Zustand geradezu berauscht.

Sie fühlen ganz.

In diesem Zustand existiert Einheit.
In diesem Zustand existiert Frieden.
In diesem Zustand existiert die Schöpfung.

Versuche, ganz Ohr zu sein. Zu fühlen.

Die Zeit zu fühlen.

Übe Dich darin, das sich auftuende Tor
in die Gegenwart geöffnet zu halten.

Hier ist Eden. Der Himmel auf Erden.

Es liegt an uns, dieses Tor zu durchschreiten.

HörWege IV

Gong

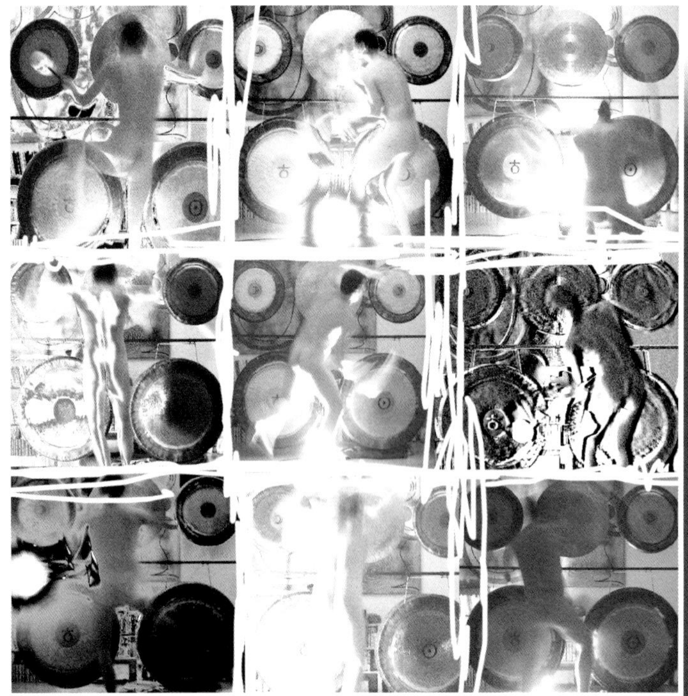

tanzen als meditation

tanze
lasse alles los lasse
besonders dein denken
los
tanze fühlend

der klang
ist dein liebhaber, deine liebhaberin

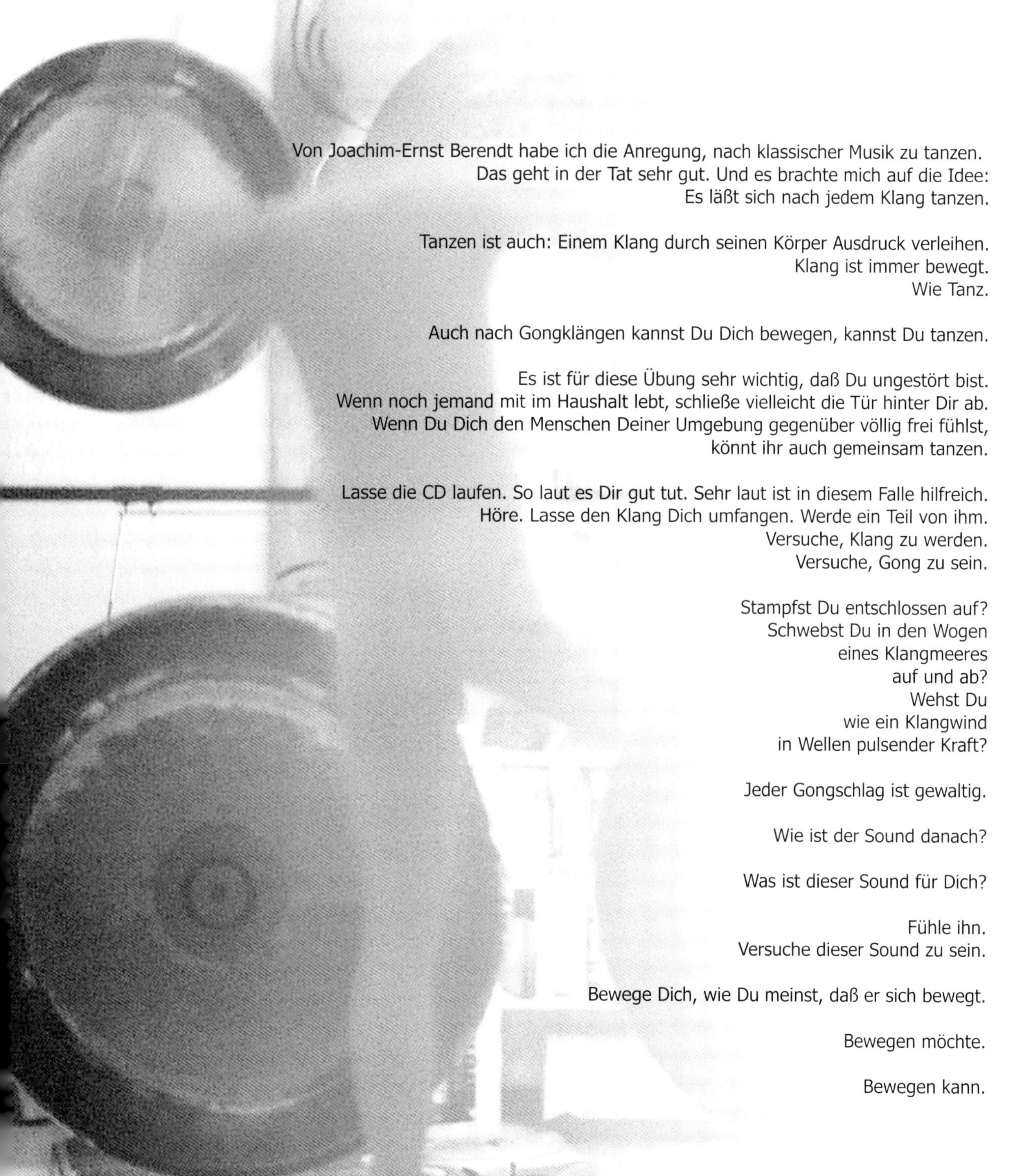

Von Joachim-Ernst Berendt habe ich die Anregung, nach klassischer Musik zu tanzen.
Das geht in der Tat sehr gut. Und es brachte mich auf die Idee:
Es läßt sich nach jedem Klang tanzen.

Tanzen ist auch: Einem Klang durch seinen Körper Ausdruck verleihen.
Klang ist immer bewegt.
Wie Tanz.

Auch nach Gongklängen kannst Du Dich bewegen, kannst Du tanzen.

Es ist für diese Übung sehr wichtig, daß Du ungestört bist.
Wenn noch jemand mit im Haushalt lebt, schließe vielleicht die Tür hinter Dir ab.
Wenn Du Dich den Menschen Deiner Umgebung gegenüber völlig frei fühlst,
könnt ihr auch gemeinsam tanzen.

Lasse die CD laufen. So laut es Dir gut tut. Sehr laut ist in diesem Falle hilfreich.
Höre. Lasse den Klang Dich umfangen. Werde ein Teil von ihm.
Versuche, Klang zu werden.
Versuche, Gong zu sein.

Stampfst Du entschlossen auf?
Schwebst Du in den Wogen
eines Klangmeeres
auf und ab?
Wehst Du
wie ein Klangwind
in Wellen pulsender Kraft?

Jeder Gongschlag ist gewaltig.

Wie ist der Sound danach?

Was ist dieser Sound für Dich?

Fühle ihn.
Versuche dieser Sound zu sein.

Bewege Dich, wie Du meinst, daß er sich bewegt.

Bewegen möchte.

Bewegen kann.

HörWege V - Licht sein

Zum Klang des Stückes Sol kannst Du sehr schön bei Sonnenaufgang oder in der warmen Nachmittagssonne HörWege beschreiten.

An einem verhangenen Wintertag lasse Deiner Phantasie die strahlenste Vorstellung einer Sonne in Dir erscheinen.

Schließe die Augen.

Spüre das Licht der Sonne auf Dir.
Spüre das Licht.
Es umhüllt Dich.
Licht macht das Leben auf der Erde und damit auch Dein Leben erst möglich.
Nicht nur, weil wir Nahrung brauchen, die durch Licht wächst. Auch wir brauchen Licht. In totaler Finsternis werden wir krank, früher oder später würden wir sterben.

Atme tief.
Stell Dir vor, Du atmest Licht ein.
Laß vor Deinem inneren Auge Licht
Deine Lungen füllen.

Jetzt stell Dir vor, wie Du einatmest und dabei soviel Licht aufnimmst, daß dieses Licht über Deine Lungen mit Deinem Blut und Deinem Atem in das Herz fließt, gleich einem goldenen Strom warmer Gefühle.

Vom Herzen nun fließt das Licht in Deinen ganzen Körper. Es flutet die Organe, die Beine und Arme und macht Deinen Kopf frei von aller Finsternis.

Stell Dir vor: Jedes Blutkörperchen transportiert kleine Lichtphotonen, winzige Sonnen, in jede Zelle Deines Körpers.

Gib Dich dem Glücksgefühl hin, eine Sonne zu sein.
Eins zu sein mit der Sonne. Sonne zu sein, bestehend aus Milliarden strahlender Sonnen.

Werde Dir bewußt: Du bist ein Mensch.
Du bist aus Erde und Sonne gemacht.

Wenn Du ganz erfüllt bist von diesen Milliarden kleiner Sonnen, dann spüre,
wie Du zu strahlen anfängst.

Es strahlt aus Deinen Augen.

Es strahlt aus Deinem Gesicht.

Dein ganzer Körper, ein Universum,
zusammengesetzt
aus Milliarden leuchtender Sonnen,
strahlt.

Du mußt jetzt nichts mehr tun. Sei Dir nur bewußt:
Du bist aus Milliarden Sonnen und Erden.
Du bist Licht. Von Dir geht Kraft und Wärme aus.

Das bedarf keiner Mühen.
Du teilst, weil Du gar nicht anders kannst.
Weil Du Licht bist. Es ist Deine Natur, zu geben.

Kein Dunkel mußt Du mehr bekämpfen.

Fülle es einfach mit Deinem Licht ...

HörWege VI - Liebe sein

Das Stück "Mondin" kombiniert den Sound von zwei Mondinnen-Gongs: Zum einen die Phase von Neumondin zu Neumondin, zum anderen den ihres Umlaufes um die Erde.

Das Kraftfeld ihrer Klänge kann gewaltig sein. Bei diesem Stück bitte ich um besondere Achtsamkeit im Umgang mit Deinen Möglichkeiten.

Die Mondin steht unter anderem für folgende Eigenschaften: Gefühl, Liebe, Offenheit, Kreativität im ganzheitlichen Sinne, Feinfühligkeit, Erotik und Kommunikation.

Die Mondin bewegt die Gezeiten des Lebens. Frauen sind meist tiefer mit dem Rhythmus der Mondin verbunden, doch selbstverständlich ist diese Verbindung, zumal in den großen Städten, schon lange nicht mehr.

Möchtest Du Dich mit der Kraft der Mondin verbinden, kannst Du vielleicht zu Voll- oder Neumondin ein Ritual, das Mondinfest feiern, wie es einst unsere Vorfahren taten.

Frauen können üben, wieder mit ihrer mythischen Seite in Kontakt zu kommen. Männer regt sie an, die weiblichen Aspekte in sich wiederzuentdecken.

Das ist wichtig. Wie schrecklich arm dran sind all die Männer, die nicht sanft sein können und wie traurig, die Frauen, die nur nach Geld, Ansehen und Karrieren streben. Wer ein(e) KriegerIn des Herzens sein will, der muß Traurigkeit und Sehnsucht in sich zulassen. Der Rückzug auf die Bastion der Logik ist der jämmerliche Versuch von kleinen Kindern, das Leben beherrschen zu wollen. Gefühle und intuitives Handeln wiederzuentdecken ist eine große menschliche Chance.

Verbinde Dich mit der Mondin durch den Rhythmus eines regelmäßigen Rituals, so zum Beispiel:

- dem Räuchern wohlduftender Kräuter

- Yogaübungen

- erotischem Sex

- besondere Musik hören

- mit besonderen Freunden oder alleine an besonderen Orten treffen und dort gemeinsam feiern.

Die Mondin ist Gefühl. Sie ist Liebe. Du brauchst nichts zu tun, sie wirkt durch ihr Wesen.

Feiere einmal im Mondinzyklus ein Ritual des Fühlens. Beschäftige Dich mit der Mondin. Schau sie stundenlang an.

Tanze unter ihrem Licht.

Fühle Dich.

Versuche nichts anderes zu sein, als da-sein.

Nimm sie wahr.

Schon in wenigen Monaten wird sich etwas in Dir bewegen! Es geht ganz von alleine. Du mußt nichts weiter tun, als Deine Bereitschaft zu zeigen. Die Liebe wirkt ohne Absicht. Unendlich kraftvoll und verändernd. Weil sie ist, was sie ist.

das tor

zur

das auge
ist der
spiegel
der seele
doch
das ohr
ist das tor
zur seele

HörWege VII - Wie klingt Raum?

Dauer:
Mindestens 10-15 Minuten.
Nach Belieben länger.

Position:
Egal. Je bequemer, desto besser. Lasse Deinen Atem frei fließen, das unterstützt Deine Möglichkeiten, Dich zu erweitern.

Schließe Deine Augen.

Höre.
Sei ganz Ohr.

Konzentriere Deine gesamte Aufmerksamkeit auf Dein Hören, Deine Klangwahrnehmung.

Versuche, nicht zu denken.

Das ist für Ungeübte manchmal außerordentlich schwer. Wenn Dir Gedanken begegnen: Bewerte sie nicht. Halte sie nicht fest. Sie sind wie eine sanfte, warme Brise Sommerwind: Die spürst Du einfach und freust Dich, daß sie Dich streichelt. Nie kämst Du auf die Idee, eine Brise Sommerwind anzuhalten. Genauso lasse die Gedanken kommen und gehen. Gib ihnen keine Kraft.

Sei ganz Ohr.

Höre, was um Dich klingt.

Du kannst diese Übung in einem belebten Straßencafé, Deiner Wohnung oder auf einer Sommerwiese machen. Ja, am besten machst Du sie an all diesen Orten und wenn Du magst, auch mal in einer Kirche.

Man mag zur Kirche als Institution stehen, wie man will, die Kirchen als Bauwerke wurden als Orte des Hinhörens entworfen.

Höre also.
Ungewohnt ist das. Wir kommen aus einer Seh-Kultur. Umso mehr Spaß macht es, mal zu hören. Neues kannst Du erfahren.

Höre.

Woher
kommen die
Klänge Töne Geräusche?

Wie verhalten sie sich
im Raum?

Gib acht! Sei Ohr, nicht Denken. FühleHöre: Wo bewegt sich der Klang, wie bewegt er sich? Ein vorbeifahrendes Auto oder Deine Musikbox im Raum zu lokalisieren ist wenig, es ist Denken.

Die Klänge kommen nicht nur von dort.

Wände, Bäume, Landschaften
formen den Klang mit.

Höre den Raum. Siehst Du ihn?

... mit geschlossenen Augen?

Wie
fühlen sich die Klänge an, die Dir begegnen?
Wo genau ist der Klang, den Du hörst?

Wo beginnt er, wo
endet er? In Dir? Im Raum?

Wo
hört Klang auf? Sei ganz Ohr.

Wann hört er auf?

Hört er auf?

Oder wird er einfach irgendwann ein Teil des Raumes? Ein Teil des Hörens?

Ein Teil von Dir?

Wo hört er auf?

Dort, wo Dein Ohr ihn nicht mehr
wahr-nimmt?
Hört er da auf?

Vielleicht hört er nicht auf.

Vielleicht ändert er nur seine Form.

Höre das Stück Raum auf "Sternengesang".

Sei wieder: Ganz Ohr. Kopfhörer sind bei dieser Aufnahme eine sehr effektvolle Variation, Deinem Hören neue Räume zu erschließen.

Was
hörst Du?

Und noch viel mehr: Was siehst Du?

Mit geschlossenen Augen.

Hörst Du vier Metallscheiben schwingen?

Oder hörst Du Räume?
Wie siehst Du
diese Räume mit Deinem inneren Auge ?

Finstere Tiefgaragen?
Kühle Kirchen?
Goldene Tempel im Himalaya?

Denke nicht. Fühle: Warum
siehst Du Raum, warum hörst Du ihn? Und wo
bist Du
in diesen Räumen?

Sei ganz Ohr.

Was auch immer Dir begegnet im Hören, im Raum, es kommt von Dir, ist Produkt Deines Fühlens und Wahrnehmens. Deiner Erfahrungen, Wünsche, Prägungen, Ängste und Hoffnungen.

Wo bist Du im Raum, in Deinem
Fühlen?

In einem kleinen Ort im Irgendwo lebte ein Gongspieler mit seiner Frau. Einst gehörte dieser Musiker zu den begehrtesten Gong-künstlern überhaupt. Sein Spiel war weit über die Grenzen seines Landes hinaus berühmt.

Vor einiger Zeit hatte der Musiker sich aus der Öffentlichkeit zurückgezogen. Er spielte immer weniger Konzerte, gab keinen Unterricht mehr und schließlich folgte er nicht einmal mehr den Einladungen der Königshäuser, an den Höfen seine Kunst zu zeigen.

Dennoch spielte der Mann jeden Tag Gong. Stundenlang. Oft bis tief in die Nacht.

Mit den Jahren, so bemerkte seine Frau, spielte ihr Mann immer weniger Töne auf seinem Gong. Als junger Mann hatte er ihm Klänge in einer Vielfalt entlockt, die weit gerühmt war. Er galt als der Meister schlechthin.

Doch das schien Vergangenheit.

Täglich spielte der Mann seinen Gong und die Jahre zogen in das Land.

Mit jedem Jahr spielte er weniger Töne. Irgendwann war es nur noch ein Ton.

Nur ein Ton.

Tagein. Tagaus.

Mit völliger Hingabe und der ganzen Liebe seines Herzens.

Einen Ton.

Da ging die Kunde, ein Konzert der weltbesten Gongspieler sei in der Hauptstadt. Die Frau fragte ihren Mann: "Willst Du da nicht hin?"

Ihr Mann schüttelte nur desinteressiert den Kopf und spielte einen Ton auf dem Gong.

Die Frau war neugierig und sie fuhr mit dem Bus (jaja, die Geschichte ist gar nicht so alt) in die Stadt, um sich das Konzert der Weltvirtuosen des Gongs anzuhören.

Spät in der Nacht kam sie heim und berichtete aufgeregt ihrem Gatten: "Die haben unzählige Töne gespielt. Sie ließen die Gongs klingen: Rauf, runter, laut, leise, wild und sanft. Ich hatte schon fast vergessen, was ein Gongmeister alles kann. Warum spielst Du nicht auch sowas? Du kannst doch mehr! Du konntest Deinem Gong doch ebenso viele Klänge entlocken. Statt dessen schlägst Du tagein tagaus immer nur diesen einen Ton an. "

Ihr Mann antwortete nur:

"Die suchen den Ton."

die hohen hallen

endlich
sind wir angekommen
hinter uns liegt das dunkel
vergangener tage
und vor uns das land
der entscheidung

und so durchschreiten wir
das tor der tausend töne
den einen klang zu finden
der alles umschließt
und in sich birgt
den quell des lebens

nun wandeln wir
durch die hohen hallen
in denen unsere herzen heilen
von angst und finsternis
tausendjähriger suche

dort
reicht uns der eine
den kelch
damit wir uns laben
an der fülle
seiner liebe
die uns heimführt
in die vollkommene
stille

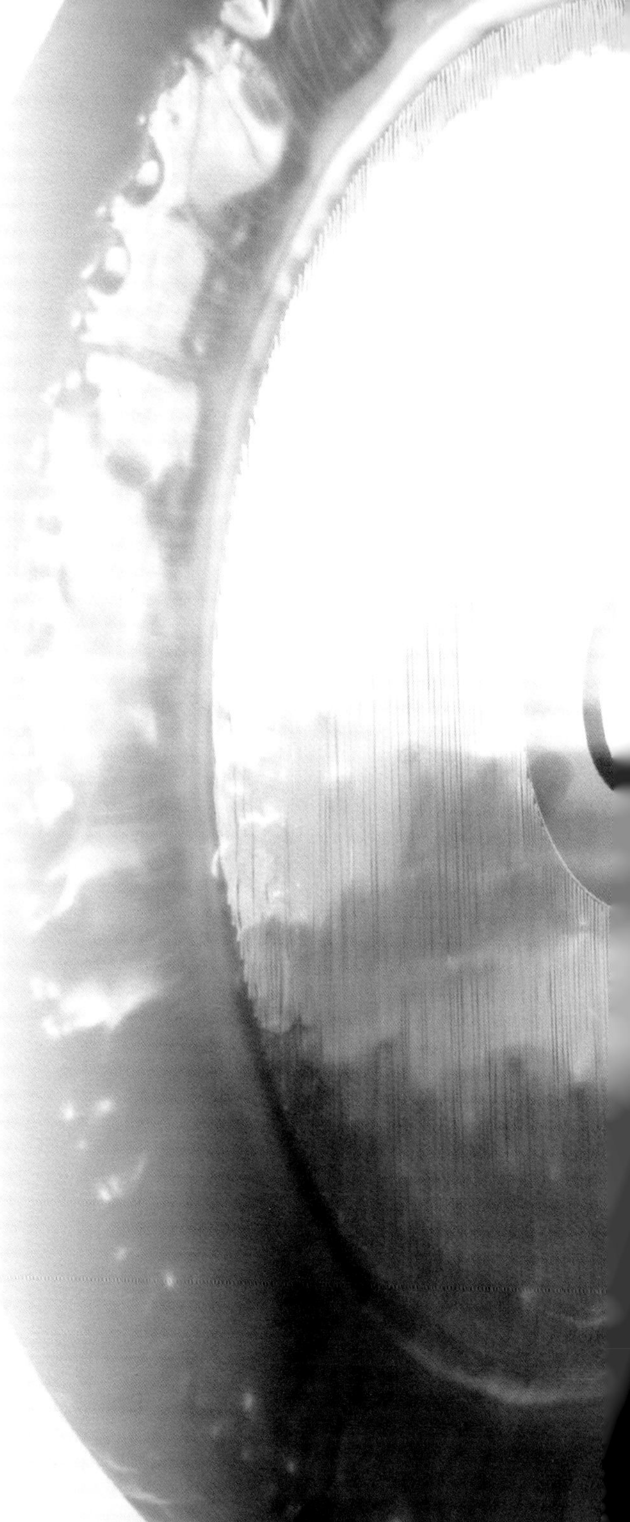

Danke sagen

Danke an Friedrich de Vries, der mich erstmalig Gongs fühlen ließ. Du bist der Beweis, daß ein Flügelschlag reicht, einen Sturm zu entfachen.

Danke an Joachim-Ernst Berendt. Dein Einfluß auf mein Leben ist in Worten nicht zu beschreiben. Möge Deine Reise begleitet sein von Klängen, so schön wie kein Traum sie zu gebären vermag.

Danke an Thomas Eberle. Seine CD "Im Klangreich des Monochord" war mir Inspiration die CD "Sternengesang" zu gestalten wie sie nun klingt ...

Immer neu, immer wieder: Danke meiner Frau Doris. Ein Meer von Liebe für Dein Da-Sein. Deine Geduld. Deine Liebe. Für das Geschenk, Dein Gefährte sein zu dürfen.

Die erste "Gaia"-Aufnahme gegen Ende durch sein ungeduldiges Jammern unterbrechend, ist es meinem Gefährten Socke zu verdanken, daß das erste Stück - neu eingespielt - nun klingt, wie es klingt. Socke führt mich in die Natur. Unermüdlich. Jeden Tag. Er liegt, während ich hier schreibe, zu meinen Füßen. Oft stundenlang.
Ich lerne SEIN von ihm. Danke.

Danke an die Gebrüder Paiste, an Hans Cousto und Jens Zygar für die Entwicklung der Planetengongs. Danke an meine Kritiker. Sie helfen mir, immer klarer herauszustellen, warum ich was wie mache.

Dank an Fritz Dobretzberger und Ute Schneider für die Korrekturen zur 2. Auflage! Und vielen herzlichen Dank an alle meine Leser und Hörer, die dieses Werk ohne Werbung erfolgreich gemacht haben: Durch ihre Empfehlungen!

Dank in Ehrfurcht und in Liebe an meinen Schöpfer. Ich verneige mich in Freude und Stolz, Teil seines großen Traumes sein zu dürfen.

David Lindner
Im August 2001 und im August 2005

Die Akademie für Heilsame Klangkunst

Klangmassage, Klangenergetik und Klangtherapie nach David Lindner ®

Seit nunmehr fünfzehn Jahren lässt mich die eine Frage nicht mehr los: Warum wirken Schwingungen auf uns Menschen so heilsam?
Und hinter dieser Frage liegen weitere Fragen verborgen: Wie genau muss ich Klang einsetzen, um eine heilsame Wirkung zu begünstigen? Wirken verschiedene Instrumente oder methodische Ansätze gleich? Was ist der effektivste Weg, um Klang zur Heilunterstützung einzusetzen?
Da praktische Lehrmaterialen auf dem Buchmarkt so gut wie nicht vorhanden waren, begann ich eine eigene Studie: Ich habe die Menschen befragt, wie Klangbehandlungen und Klangerlebnisse auf sie wirken. Wie genau sie Behandlungen durchführen und wie sie an ihnen durchgeführte erlebt haben.
Begünstigend für diese Forschung war es, dass ich mich selbst keiner Schule oder Philosophie verpflichtet fühlte. Mich interessiert jeder Ansatz, von dem ich zu hören bekam. Alle Methoden und Übungen, derer ich habhaft wurde, probierte ich mit vielen Menschen aus - und sie interviewte ich wiederum, wie es denn war. Schon bald fiel mir auf: Viele Schulen arbeiten erfolgreich, aber ihre Erklärungsmodelle, was da wie wirkt, waren ziemlich oft nicht haltbar. Das faszinierte mich um so mehr: Warum werden Erklärungen verwendet, die nichts taugen? Und was ist die Schnittmenge der verschiedenen Schulen? Wo gleichen sie sich? Gibt es einen universellen Ansatz, auf den alle mehr oder weniger bewußt zurückgreifen?
Gleichzeitig beschäftigte ich mich mit einigen, vermeintlich klangfernen Disziplinen wie Naturheilkunde, Schamanismus, Feng Shui, Chinesische Medizin, Quantenfeldforschung und Psychologie, immer auch auf der Suche nach Erklärungen für das, was ich in meinen Befragungen und Anwendungen herausfand.

Parallel zu diesen Forschungen baute ich die Akademie für Heilsame Klangkunst auf. Hier setze ich seitdem meine Erkenntnisse aus Forschung und Anwendung von Klängen um. Hier setze ich meine Erkenntnisse um.

Natürlich besuchen viele Laien meine Seminare und Ausbildungen, um etwas für sich zu lernen oder für die Anwendung zum Beispiel in der Familie. Aufbau und Ablauf der Seminare sind auf Profis ausgerichtet, die zum Beispiel als Psycho-, Ergo- oder Physiotherapeuten, als Heilpraktiker oder Ärzte, als Seelsorger, Hospizhelfer, Pfleger oder Pädagogen Klang im beruflichen Umfeld einsetzen.

Der handwerklich-technisch korrekte Umgang mit Instrumenten und Klängen ist mir immens wichtig, denn über das Handwerkliche machen wir Anwender sehr gut hör- und fühlbar, was wir denken. Im handwerklichen offenbart sich unsere Einstellung zum Menschen, zur Liebe, zur Spiritualität und zum Leben. Das ist Zen in der Klangkunst.

Ein Klanganbieter sollte wissen, wohin der Geist eines Klienten während der Klangerfahrung reist. Es sollte mit klanginduzierten Krisen umgehen können. Es sollte die Bedürfnisse seines Klienten nach der Klangerfahrung betreuen können und natürlich muß er ein Gefühl dafür bekommen, was und wen er nicht behandeln darf und besser an einen Arzt überweist.

Zu professioneller Arbeit gehören für mich unbedingt: Humor. Intuition. Herzenswärme. Neugier. Mut. Liebe.

Vielleicht lernen wir uns ja mal in einer Ausbildung kennen. Wenn Du noch Fragen zu den Seminaren oder anderen Angeboten hast, schick mir gerne eine eMail unter info@traumzeit-verlag.de

Mehr Infos im Internet unter: **www.heilsame-klangkunst.info**

Die Neue Klangkultur im Traumzeit-Verlag

Ich liebe es, Bücher zu lesen, die mich weiterbringen. Und als Leser schreibe und produziere ich Bücher: Mit Liebe und dem Wunsch, etwas weiterzugeben von der Schönheit und den Möglichkeiten des Seins.

2.Auflage 2006

Wolfgang Saus
Oberton singen
- Das Geheimnis einer magischen Stimmkunst

Obertongesang lernen mit dem neuen "Drei-Stufen-Kurs" von Klangforscher und Sänger Wolfgang Saus.

- Es ist leichter als Sie denken: In diesem Buch wird erstmals das Geheimnis um die Entstehung der Obertöne im menschlichen Gesang entschlüsselt und für Laien praktisch lernbar gemacht.

- Die Welt der Obertöne: Wissen, Praxis, Forschung.

- Der Obertonschieber: Die neue Erfindung, mit der eigene Obertonkompositionen möglich sind.

ISBN 3-933825-36-9

5.Auflage 2006

David Lindner
Traumzeit - Das Geheimnis des Didgeridoo

Der Bestseller in 5. Auflage, jetzt aktualisiert und erweitert. Mit 242 Seiten in Farbe und festem Einband. Umfassende Spielanleitungen für Einsteiger bis Fortgeschrittene - Kultur - Hintergründe - Praktische Tips - Medizin und Therapie uvm.

Inklusive CD mit Didgeridoo Lernkurs

Das einzige Buch zum Didgeridoo, das fundiert Wissen und Spirit vereint.

Von namenhaften Didgeridooprofis als Standardwerk empfohlen. Mit über 100 Fotos und Abbildungen ein sinnliches Erlebnis.

ISBN 3-933825-40-7

4.Auflage 2006

David Lindner:
Gesang der Stille
- Das Geheimnis der Klangschalen

Nach "Traumzeit" der neue Bestseller von David Lindner.

Das umfassendste Buch für alle, die mehr über Klangschalen und ihre Verwendungsmöglichkeiten erfahren wollen.

Über fünfzig verschiedene Klangschalen der Welt, Spielanleitungen, Herstellung, Einsatzgebiete, Medizin und Therapie, Kinder, Feng Shui.

Buch mit CD,
fester Einband,
Grossformat,
zahlreiche Farbfotos.

ISBN 3-933825-21-0

2.Auflage 2005

David Lindner, Frank Plate,
Zoran Prosic-Götte
Praxisbuch Klangmassage
- Klangmassage mit Klangschalen Schritt für Schritt erlernen und professionell umsetzen

Mit dem "Praxisbuch Klangmassage" zeigt sich Klangschamane David Lindner entgültig als Garant für hochwertige Musikfachbücher, die das Zeug zum Standardwerk haben. So wird dieser Titel von den Ausbildern der verschiedensten Klangmassage-Schulen weiterempfohlen.

Gemeinsam mit Klangmassage-Ausbilder Frank Plate und Klangmasseur Zoran Prosic-Götte erstand ein detailverliebtes, informatives wie umfassendes Buch, das weit über bisherige Klangmassage-Konzepte hinauslehrt.

160 Seiten im Großformat, weit über hundert Fotos, Hardcover.

ISBN 3-933825-37-7

Weitere Titel unter: **www.traumzeit-verlag.de**

Ab 2011:Die Klangreise geht weiter ...

Neue Praxisbuch-Reihe im Traumzeit-Verlag

Ab Frühsommer 2011 ist die Veröffentlichung einer umfassenden Sammlung an praktischen Anleitungen zur Anwendung und Wirkung von Klängen zur Heilunterstützung geplant. In Umfang und Detaillgenauigkeit wird sie alle bisher erhältlichen Anleitungsbücher zur Anwendung von Klängen weit übertreffen.

Die Bücher werden die Themen Klangmassage, Klangenergetik und Klangtherapie auf neue Weise angehen und stark praxisorientiert sein.

Voraussichtliche Bände und Themen:

Band I
Theorie und Praxis heilunterstützender Klangtherapien nach David Lindner

Band II
Klangschalen-Klangmassage

Band III
Arbeit mit Gongs

Band IV
Stimmgabel-Klangtherapie und Phonophorese/Tonpunktur

Band V
Klangreisen

Band VI
Klang und Schamanismus

Bitte informiere Dich auf der Verlagsseite, dort erscheinen die neuen Bücher automatisch.

www.traumzeit-verlag.de

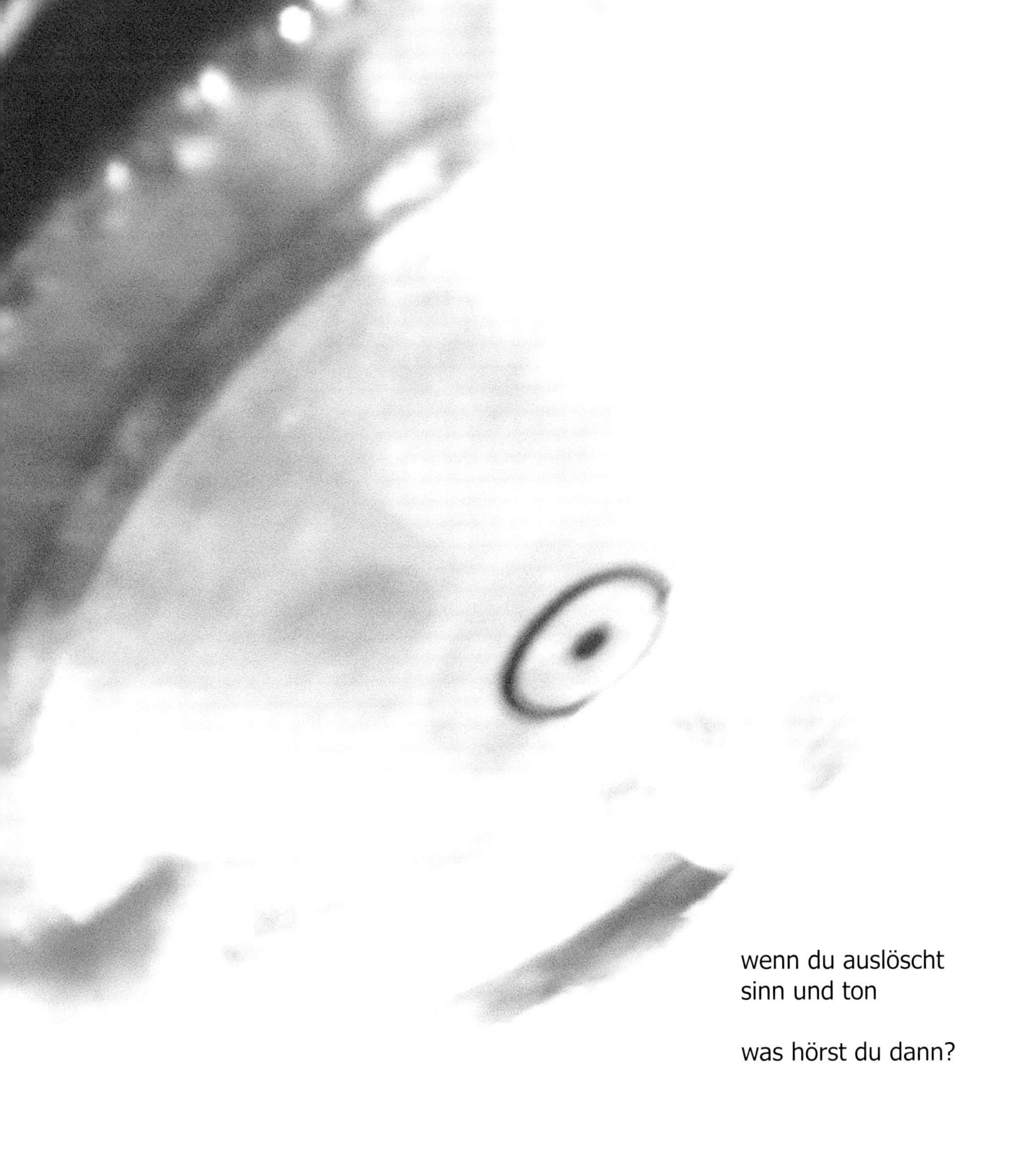

wenn du auslöscht
sinn und ton

was hörst du dann?